AF454982

1865. 24 Février

(204e)

CATALOGUE

D'ESTAMPES

ET

DESSINS ANCIENS

DES DIVERSES ÉCOLES

DONT LA VENTE AURA LIEU

HOTEL DES COMMISSAIRES-PRISEURS

RUE DROUOT, 5

SALLE Nº 6, AU PREMIER ÉTAGE

Les Vendredi 24 et Samedi 25 Février 1865

A UNE HEURE PRÉCISE.

Mᵉ DELBERGUE-CORMONT, Commissaire-Priseur,
rue de Provence, 8,
Assisté de **M. VIGNÈRES**, Marchand d'Estampes,
rue de la Monnaie, 13, à l'entresol, entrée rue Baillet, 1,
CHEZ LEQUEL SE DISTRIBUE LE PRÉSENT CATALOGUE.

PARIS
RENOU ET MAULDE
Imprimeurs de la Compagnie des Commissaires-Priseurs
RUE DE RIVOLI, 144

1865

M. le Vicomte Delaborde

CONDITIONS DE LA VENTE

Au comptant, avec CINQ pour CENT en sus du prix d'Adjudication, applicables aux frais.

L'Ordre du Catalogue sera suivi.

Les attributions de l'Amateur ont été conservées pour les Dessins.

Les lots ne formant pas suite complète pourront être divisés à la volonté du vendeur.

M. VIGNÈRES, dirigeant la Vente, se charge des Commissions.

NOTA. Toute commission sans prix fixé ou sans limite déterminée sera regardée comme nulle.

M. VIGNÈRES se charge de faire marquer les prix aux Catalogues des ventes qu'il a faites. Les personnes qui le désirent peuvent s'adresser à lui *franco*.

Les Catalogues des Ventes à faire seront envoyés aux personnes qui en feront la demande *affranchie*.

AVIS. — Nous prions MM. les Amateurs éloignés de ne pas attendre au dernier jour, pour que les lettres arrivent le matin de la vente ; ils comprendront que quelques lettres peuvent se lire, mais de 20 à 50 lettres, c'est difficile.

DÉSIGNATION

ESTAMPES

1 **Adam** (Victor). Animaux et autres. 13 p.

2 **Aubry** (Ch.). Histoire pittoresque de l'équitation. 26 p. en 2 livraisons. Bel exemplaire.

3 **Avril.** Coriolan, Lycurgue et Pénélope. 3 grandes p. d'après Lebarbier.

4 **Beauvarlet**. Télémaque, Theresias de Dennel, l'île de Cythère, d'ap. Watteau. 3 p.

5 **Bein**. Le souffleur de bulles de savon, avant toute lettre, sur chine. Sup. ép.

6 **Callot.** Tentation de saint Antoine, etc., et vues de Silvestre. 12 p.

7 **Cardon**. Vignettes et Ornements, Entêtes de lettres pour les administrations civiles, Tribunaux, Postes, Messageries et Remontes, Génie, Ponts et chaussées, Marine, Bois et forêts, Domaine, Trésorerie nationale, qui se trouvent à l'imprimerie des Armées, à Bruxelles, époque de la Révolution. 2 cahiers contenant 59 p.

8 **Coignet**. Album lyonnais. 7 vues lithog.

9 **Cousins**. La comtesse Grosvenor, d'ap. Lawrence, Manière noire très-belle.

10 **Cousin** (C.). Saint Paul, d'ap. Meissonnier. Magnifique ép. avant toute lettre; grande marge.

11 **Deveria**. Sujets gracieux. 8 lithographies coloriées.

12 École flamande. Sainte Famille, d'ap. Van Dyck et Rubens, le chimiste de Téniers, Wouvermans, etc. 10 p.

13 École italienne. 23 p.

14 École du XVIIIe siècle. 30 p.

15 **Eisen** (d'ap.) et autres. Vignettes, entêtes, fins de pages. 48 p.

16 **Études**. Têtes, ornements, paysages. 30 p.

17 — Par Victor Adam, Hubert, Julien. 22 p

18 **Fac-simile** d'un dessin de Raphaël, et la belle Jardinière, réduction au diagraphe. 2 p.

19 **Gillot**. Les âges de l'homme. 3 p.

20 — L'Éducation, les obsèques. 2 p.

21 **Houbraken**. Portraits divers et autres. 28 p.

22 **Jacques** (Charles). Intérieur de cour, paysage par Huet, etc. 4 p. à l'eau-forte.

23 **Johannot** (Alfred et Tony). Illustration pour F. Cooper. 27 p., avant la lettre, sur chine; grand papier. Superbes ép.

24 **Jullien**. Grandes études aux deux crayons et autres, têtes de Grevedon 22 p.

25 **La Belle**. Les Saisons et autres. 35 p.

26 **Le Pautre**. Meubles, cariatides, plafond, fontaines, etc., etc. 40 p.

27 **Lindeman** et Frommel. Vues d'Italie, imp. en couleur. 9 p.

28 **Lithographies**. Caricatures de Gavarni et autres. 100 p.

29 — Charlet, Bellanger et autres pièces, paysages, sujets, etc. 82 p. 2 lots.

30 — Artistes anciens et modernes, d'après Decamps. 5. — Bodmer et Rosa Bonheur. 7 p.

31 **Lombart**. Comtesses de Carlisle, Morton. 3 p., d'après Van Dyck.

32 **Loutherbourg**. Les matelots. 5 p.

33 **Luderitz**. Das traurende Koenigspaar, d'après Lessing. Ep. sur chine, lettre grise.

34 **Martinet**. Petites vues de Paris. 25 p.

35 **Montano** et Soria. Recueil de temples antiques, Rome, 1624, 1er vol. de 67 pl., portraits et titre. — Divers ornements et caprices, par les mêmes, avec leurs portraits. 42 pl. En tout, 108 pl.; vol. broché, parch.

36 **Ornements** et autres pièces. 38 p.

37 **Photographies**. Vues instantanées. etc. 8 p.

38 — D'après Emelinck; paysage d'après nature, d'après Fragonard, etc. 6 p.

39 **Pièces historiques**. Adieux de Louis XVI à sa famille, montant à l'échafaud, et autres. 5 p.

40 **Pontius**. Crayer, Rubens, Segers. 3 portraits.

41 **Portraits**. Actrices, petit in-fol. 13 p. lithog.

42 — De femmes célèbres. 30 p.

43 — De Napoléon Ier à différents âges. 23 p.

44 — Ecclésiastiques, rois de France et étrangers. 126 p. Sera divisé.

45 Portraits in-fol. de Louis XIV, le Dauphin et rois et princes étrangers de l'époque. 16 p., cart.

46 **Poussin** (d'ap.). Enlèvement de la Vérité ; testament d'Eudamidas. 2 p.

47 **Prestel** (J.-G.). Suzane, d'ap. Cortonne; Abraham, Salomon, d'ap. V. der Werff; le Christ mort, d'ap. Corrége; saint Joseph, d'ap. le Guide ; l'Amour fuyant, d'ap. Van Dyck, etc. 8 p. gr. in-fol.

48 — Vue de la porte et tour de Saint-Galle, à Francfort, Thurm; cascade de Westphalie, d'ap. Everdingen ; le Soir et Coup de soleil, d'ap. Ruysdael; et autres paysages et ruines. 14 p. grand in-fol.

49 **Scamozzi.** Les cinq ordres d'architectures de Vignole. *Leyde*, 1664. — *Amsterdam*, Juste Danckerts, 1677. 2 vol. in-4., parch.

50 **Strixner**. Portrait, d'ap. Holbein; saints et saintes, d'après Lucas de Leyden , Mecken et autres.

51 **Vernet** (d'ap. J.). Marines. 10 p.

52 **Vignettes**, emblèmes, petits maîtres, etc. 65 p.

53 — Fleurons et autres pièces. 38 p.

54 Vignettes et sujets gracieux. 28 p.

55 **Vues** de Paris, 1620-1654, Col. Merian. 2 p.

56 Vues de Paris. France et étranger, par I. Silvestre, Perelle et autres, 166 p., vol. in-fol.

57 Vues de Merinville. 8 vues sur 5 feuilles.

58 **Panoramas**. Alger au trait; la ville et baie en noir. — Baden, lithog. — Lausanne. — Chaumont, près Neuchâtel. — Thoune et environs, coloriés. 6 p. Pourra être divisé.

59 **Wagstaff.** Jolies têtes de jeunes filles. 3 p.

60 **Wierix.** J. Laynez, jésuite, Marguerite d'Autriche, sujets religieux, et Aldegrever. 6 p.

61 Animaux, d'après Berghem, Ommeganck, etc. 78 p.

62 Chiffres, lettres ornées, fleurs. 40 p.

63 Sujets religieux allemands, d'ap. Lesueur et autres. 7 p.

64 Pièces à la sanguine, d'ap. Boucher, Huet, Sarrasin, etc. 29 p.

65 Renaissance monumentale; Espagne, dessin linéaire. 26 p.

66 Statues antiques. 56 p.

67 Écoles diverses, française, flamande et hollandaise ; environ 150 p. Sera divisé.

68 Grand prix d'architecture. 90 p.; vol. d.-rel.

69 Les principes de l'architecture, de la sculpture et de la peinture, par Félibien ; vol. in-4, fig. Paris, 1676.

70 Notice historique et critique sur la vie et les travaux de P. M. Le Tarouilly, du t. III, vol. avec fig. dans le texte ; in-4, d.-rel. rouge.

DESSINS

71 Volume contenant 10 p. Combat de taureaux, coloriés, 9 éventails sur peau de chevreaux, vues d'Italie et autres dessins, aquarelles, gravures, etc. 103 p.

72 **Anonyme**. La tour d'Étampes. — Entrée du château de Pau. — Vue de Vesoul. 3 p., bistre.

73 — Feu d'artifice, barrière de l'Étoile, aquarelle.

74 — Vues du pont de Poissy, porte de l'Abbaye, ancien pont, à Mantes, ancienne porte aux prêtres, moulin et partie de la pompe à feu, à Maison, hermitage, à Greoux, 2, et autres. 13 dessins crayon et encre.

75 — Femmes à mi-corps, études pour statues, crayon et blanc. 3 p.

76 — Personnage en costume XVIIIe siècle, sous le péristyle d'un palais, regardant le parc, aquarelle.

77 — Vue du Panthéon dit la Rotonde, à Rome, aquarelle sur peau de chevreau, pour éventail.

78 — Napoléon à Eylau, aux manes du duc de Reichstadt, 27 juillet 1830, etc. 4 dessins.

79 — Vues de Venise à la sépia. 20 très-beaux dessins; vol. oblong., maroq. vert.

80 — Recueil de dessins de diverses écoles, de divers genres, au crayon, sanguine, à l'encre, etc. 129 p.

81 Jean-sans-Peur, Kléber, Lassalle; 3 portraits en pied. Philippe Ier, roi de France, 1108; Louis-Philippe d'Orléans, 1785. 5 dessins à la mine de plomb, originaux de la collection Gavard.

82 ADAM. Fontaine et ornements. 4 p.; bistre et encre.

83 ANGO, d'ap. Michel-Ange. Fragments de la chapelle Sixtine. 25 p.; à la sanguine.

84 AARTMAN. L'été, l'hiver. 2 paysages; aquarelles.

85 BALDASSARO DI SIENNA. Sapho charmant la multitude par sa mélodie, plume lavé.

86 BAROCHE. Saint Sébastien, étude de chat et autre. 3 p.

87 BELLANGER. Pont avec cascade d'eau. 2 paysages. Bistre et encre.

88 BENOUVILLE. L'hiver, au crayon.

89 BERETTINI. Esquisses à la plume et bistre. 2 p.

90 BERNARD. 1816, Marie-Antoinette et Louis XVI, en traits de plume et aquarelle.

91 BLOEMEN. Études d'animaux et halte de cavaliers. 4 p. à l'encre.

92 BOL (Jean). Paysages avec figures, plume et bistre. 4 p. Col. Andreossy.

93 BOTH (A et J.). Paysages, à l'encre. 4 p.

94 BOUCHARDON. Sujets d'enfants, Diane au bain, Académies. 5 sanguines.

95 BOUCHER. 4 dessins au crayon.

96 BOURDON (S.). Têtes et sujets. 4 dessins.

97 BOURGEOIS. Paysages, crayon et bistre. 6 p.

98 BRANDT. Fleurs et fruits. 3 aquarelles.

99 BREEMBERG. Paysages, encre et bistre. 2 p.

100 CABEL. Paysages, bistre et encre. 2 p.

101 CAMBIASO. Sujets divers. 9 dessins; bistre et autres.

102 CAMPI. Rinceau d'ornements et d'amours, à l'encre, rehaussé de blanc.

103 CANALETTI. Monument avec de grands et nombreux escaliers, à la plume et encre.

104 CARRACHE (An.). Assomption et autres sujets, encre, sanguine, plume. 4 p.

105 — (Augustin). Sujets et paysages, à la plume. 10 p.

106 — (L. et F.). Paysage et sujets. 2 p.

107 CASANOVA. Obélisque de Turenne, et autres. 3 p.

108 CHALGRIN. Grande décoration d'une salle du Trône; aquarelle.

109 CICERI père. 2 vues; aquarelle et sépia.

110 CIGNANI et Cipriani. 4 dessins.

111 CLERISSEAU. Grandes ruines romaines, au bistre. 2 p.

112 CLERISSEAU. Vues d'Italie, compositions pittoresques d'architecture, au bistre, et aquarelles. 42 p., vol. oblong.

113 CONSTANTIN. Grand paysage capital, au crayon, et autre, à l'encre. 2 p.

114 CORNEILLE (Michel), d'ap. Carrache. Paysages, à la sanguine. 21 contre-épreuves.

115 CORRÉGE à la sanguine, et Constanzi. 3 dessins.

116 CORTONNE (P. de). 3 dessins. Bistre et sanguine.

117 COURTOIS dit Bourguignon. 2 batailles à la plume.

118 CRAYER (de). 2 dessins. Plume et encre.

119 DAVID (Louis). Sujets d'histoire. 5 dessins.

120 DAVID, de Marseille. 2 paysages.

121 DECAMPS. Paysage au bistre, sujet à l'aquarelle, etc. 3 p.

122 DEMACHY. 2 paysages à l'encre.

123 DEMARNE. Paysages, à l'encre de Chine. Étude au crayon. 4 p.

124 DESTOUCHES. Effets de voûtes, au bistre. 3 jolis dessins.

125 DUGHET (G.). Paysages, bistre et encre. 4 p.

126 DUPLESSIS. La promenade, paysages, etc. 4 p.

127 DYCK (Van). Tête à plusieurs crayons. Saint, sanguine. 2 p.

128 ÉMILE. Charges de carnaval. 3 aquarelles.

129 FERG (J.-C.-D.). Montants d'arabesques. 2 p., à l'encre.

130 FLAMEN. Repas au bord de la mer, à l'encre.

131 FONTANA. Péristyle d'un temple, avec statue.

132 FORTIN. Intérieur de temple. Aquarelle signée.

133 FRAGONARD (H.). Dessins, au bistre, à la sanguine, etc. 11 p. Escalier, sujets, ruines, etc.

134 FRANCK. Chasse au cerf. Ecce homo. 2 p.

135 GALLIARI. Décorations théâtrales, à la plume, bistre, encre et aquarelle. 10 p.

136 GAUTHIER. Architecture. 2 dessins, encre et bistre.

137 GELÉE (Claude-Lorrain). Ruine, plume et encre.

138 GENOELS. Paysages, à l'encre et aquarelle. 2 p.

139 GERARD. Jeune fille jouant du tambour de basque, grande étude drapée, crayon noir et blanc.

140 GIORDANO (Lucas). Jugement de Pâris, à la plume, etc. 2 p.

141 GIRODET. Vieillard à genoux, au bistre, et autre, à l'encre. 2 p.

142 GLAUBER. Paysage, à l'encre.

143 GOYEN (Van). Vues et paysages. 6 p.

144 GRANGER. 3 dessins, crayon et autre.

145 GRÉGOIRE (Paul). Les tours de la Bastille, 1779.

146 GREUZE. Scène maternelle. Tête. 2 dessins, à la sanguine.

147 GRILLE. 1767. Paysage relevé de couleur.

148 GROLLY. Vaisseau à trois ponts, à l'encre de Chine.

149 GROBON. Lyon, 1796. Paysage, à l'encre.

150 GROSLEY. Parcs, vues et paysages, au bistre. 4 p.

151 GUBIO. Repas, au bistre.

152 GUERCHIN. Têtes, paysages, compositions. 9 dessins, à la plume.

153 GUIDO. Sujets religieux, Vierge, sanguine et bistre. 4 p.

154 HEINZ, d'ap. Polydore, etc. 3 p., au bistre. Et paysage, à l'encre, d'Herdenberg. 4 p. Cab. Andreossy.

155 HOLBLING. Portrait du duc de Sudermanie, depuis Charles XII, à la plume.

156 HORREMANS. Concert et autre scène d'intérieur. 2 dessins, à l'encre.

157 HUET. Pastorale, jeux d'amours. 2 p.

158 JEAN DE SAINT-JEAN. Grande composition religieuse, au bistre.

159 JORDAENS. Les fils de Loth. Beau dessin, aux crayons de couleur et aquarelle; paysage, satyre, sanguine. 3 p.

160 JOSEPIN. Diane et Endymion, au bistre; et autres. 3 p.

161 JOUVENET. Adoration des bergers, à l'encre, rehaussé de blanc.

162 KOEPELLER. 1769. Marine, aquarelle; et paysages, à la gouache. 2 p.

163 KARSSEN. Intérieur, effet de soleil, à l'encre.

164 KOBELL (Ferd.). Paysage, à la plume. — (Henri). Marine, encre et bistre. — (Jean). Animaux au pâturage. 2 p., à l'encre. — Grand paysage, aquarelle. 5 dessins.

165 KOCKKOCK (H.). Marines. 7 aquarelles.

166 KONINGH (L. de). Marine, à l'encre; paysage, au crayon, de J. Koningh. 2 p.

167 LAFITTE. Prêtresse de Diane rendant un oracle; sujets militaire. 2 p., à la plume.

168 LAFOSSE. Trophée, baldaquin, etc. 4 p.

169 LAHYRE. Apollon, vainqueur de Python, à l'encre et bistre; et autre. 2 p.

170 LAIRESSE. L'entrée des enfers, au bistre.

171 LALLEMANT. Paysages, encre et bistre. 7 p.

172 LAMBERT. Scènes de grisettes. 3 aquarelles.

173 LANFRANCO. Apôtre, sanguine, etc. 2 p.

174 LANGENDICK. 2 petits dessins, à l'encre de Chine.

175 LANTARA. Paysage, crayon noir.

176 LARGILLIÈRE. Portrait d'un magistrat, en pied. Aquarelle.

177 LARUE (de). La Saint-Barthélemy, la peste, conseil des anciens, Bacchanale, chute des géants, etc. 7 dessins, plusieurs capitaux.

178 LAVREINCE. Jeune femme réfléchissant, à la plume et encre. Esquisse.

179 LEBARBIER. Études à la sanguine. 2 p.

180 LEBRUN. La mort de Sénèque, bistre.

181 LEEN. Fleurs et fruits. 8 aquarelles.

182 LEFÈVRE. Masque d'Henri IV; scène espagnole; tête. 3 p.

183 LE JAY. Temple d'Apollon, et autre, à Rome. 2 dessins, à la plume, imitant la gravure.

184 LE MAY. Riche paysage maritime, à l'encre.

185 LEMOINE. Composition de six figures, d'après Raphaël.

186 LEMONIER. Tête de Neptune, et la gravure. 2 p.

187 LE PAON. Passage de garnison par un village, au bistre.

188 LE PRINCE. L'étude, allégorie, au bistre.

189 LIENDER. Vue en Hollande. Aquarelle.

190 LIMNEL. Bacchus et Ariane. Aquarelle.

191 LOCATELLI. 2 paysages, à la plume.

192 LOTTO. Mort de la Vierge, au bistre.

193 LUTTI. 2 grandes compositions, au bistre.

194 MALATHIER. Paysage, mine de plomb.

195 MALLET. Le départ pour la promenade, Bacchanale, la peinture et pendant. 4 bistres.

196 MANGLARD. Vaisseau en radoub, à l'encre; et autres marines. 3 p.

197 MANTEGNA. La famille d'Adam, à la plume; tête, sanguine. 2 p.

198 MARATTE. Sujets pour plafonds, Vierge, études. 5 dessins.

199 MENGS. Tête sanguine, paysages, crayon noir. 6 p.

200 MEYERING. Paysage montagneux, bistre.

201 MICHALON. Paysage, à la plume.

202 MICHEL-ANGE. Trophées d'armes, au bistre.

203 MILLET (Francisque). Vue de Munster, en Lorraine, crayon et sanguine.

204 MOLA. Latone, sanguine, etc. 2 p.

205 MOREAU. Médaille, règne de la loi, à l'encre; et figure allégorique. 2 p.

206 MOTTA. Le Christ au Prétoire, au bistre.

207 MOUCHERON. Intérieur de parc; paysages avec chute d'eau; pont, etc. 5 dessins.

208 MOZIN. Marines. 2 aquarelles.

209 MURILLO. Les disciples d'Emmaüs, à l'encre.

210 NATOIRE. Deux bergères et amours. Charmant dessin, à la mine de plomb, sur vélin.

211 NEUMAN. Paysages, vues en Hollande. 5 aquarelles.

212 NICOLLE. Vue en Italie, aquarelle à l'encre, intérieur, marine. 5 dessins.

213 NICOULET. Trompe l'œil, grand in-fol.

214 OSTADE. Paysage, sujets de buveurs. 2 p.

215 PALMA. Élie sur un char de feu, Diane au bain et autres. 6 dessins.

216 PANDOLFI. Sainte-Famille, crayon noir et blanc.

217 PANINI. Paysages, ruines, etc. 8 p.

218 PARMESAN. Sainte-Famille, etc. 3 dessins.

219 PARROCEL. Sujets d'enfants, cavaliers, études, etc. 13 dessins.

220 PASSIGNANI. Massacre des Innocents, etc , 2 p.

221 PATEL. Paysage avec ruines, à la plume.

222 PATER. Halte de soldats, belle aquarelle, et autre. 2 dessins.

223 PENNI (L.). L'hiver, et autres. 3 p.

224 PERACINI. Paysages, aquarelles et crayons. 14 p.

225 PERCIER et FONTAINE. Détails d'ornements d'architecture et intérieur. 29 p.

226 PERIN DEL VAGA. L'ange de l'Annonciation et autres. 3 p.

227 PERUZZI. Naissance de Jésus, Vierge, poupes de navires. 3 p.

228 PEYRON. Première esquisse du tableau de la mort du général Valubert, à l'encre.

229 PIRANESI. Intérieur d'un palais, au bistre, et autre. 2 p.

230 POELEMBOURG. Bacchanale, paysages. 3 p.

231 POILLY. Eole et autre. 2 dessins.

232 POLYDORE. Sujets de bas-reliefs, etc. 5 p.

233 PORDENONE. Dieu le père sur une gloire d'anges.

234 PORTA. Groupes du jugement dernier de Michel-Ange. 2 dessins.

235 POUSSIN. Diverses compositions 4 p.

236 PROCACCINI. Grande composition avec Moïse, 1606, le Christ au tombeau, 3 différents et autres. 7 p.

237 PRONCK. Vue d'une rue en Hollande, à l'encre de Chine, très-fin, et autres vues à la plume et à l'encre, exquisses et terminés. 22 p.

238 PUJOL (A. de). Études de figures au crayon, pour Fontainebleau. 8 p.

239 PUNT. Triomphe de Galathée et pendant. 2 jolis dessins à l'encre.

240 RAPHAEL (Attribué à). 3 dessins.

241 RAYMOND. Paysages, sanguine et crayon noir. 15 p.

242 RAYNAL. Riches bordures. 3 dessins en blanc sur papier gris.

243 REMBRANDT. 3 dessins, plume et bistre.

244 RIDINGER. Chien et attributs de chasse. 3 dessins.

245 RIETSHOOF. Marine à l'encre de Chine.

246 RIGAUD. Figures en pied de princes et princesses pour panneaux. 6 aquarelles et encre.

247 ROBERT. Ruines, paysages et compositions à la sanguine, pierre d'Italie et au bistre. 19 p.

248 ROETTIERS, Triomphe de Galathée, à la plume, et autres. 4 dessins.

249 ROMAIN (Jules). Les enfants de Niobé, bas-relief en bistre rehaussé de blanc.

250 ROMANELLI. Œuvres de miséricorde. 5 p. à la pierre d'Italie.

251 ROUX père. Marine, aquarelle.

252 RUBENS. Sujets du Nouveau Testament, etc., 5 p.

253 RUYSDAEL. Paysages, bistre et crayon. 2 p.

254 SACCHI. Annonciation, crayon noir.

255 SAINT-AUBIN. Cartouche enrichi d'enfants, pour un titre d'album de musique ; aquarelle.

256 SALLAERT. Résurrection, aquarelle.

257 SALVATOR ROSA. 3 dessins, bistre et plume.

258 SALVIATI. Saint Michel; massacre des Innocents, etc. 3 p.

259 SARTÉ (André de). Figure drapée, sanguine, et mort d'un saint. 2 p.

260 SASSO FERRATO. Vierge, Jésus entre deux saints. 2 p.

261 SAVERY (R.). Paysages, bistre et encre. 3 p.

262 SCHIERECKE. Le petit grapilleur, la liseuse. 2 dessins, crayon noir.

263 SCHOONJANS. Vue dans une petite ville, charmante aquarelle.

264 SCHOUMAN. Oiseau de grosse espèce ; pivoine et autres fleurs. 5 aquarelles.

265 SCHUT. Vierge, Neptune et sa cour. 2 p.

266 SERVANDONI. Statues dans des niches. 2 p.

267 SILVESTRE (Israël et Louis). Vue de Rome. — Mort d'un saint ermite. 2 p.

268 SIMONINI. Grande bataille, au bistre.

269 SIRANI (E.). Annonciation, sanguine.

270 SNEYDERS. Lions, études d'animaux. 2 aquarelles.

271 SNELLING. Paysage, crayon noir.

272 SOLIMENE. Jugement de Salomon et autres. 4 p.

273 SPAZAVANTI. Tombeau à riche baldaquin, par moitié plume et bistre.

274 STALBENT. Abraham renvoyant Agar, riche paysage à la plume et bistre.

275 STELLA. Arrestation du Christ, crayon noir ; sa naissance, à la plume. 2 p.

276 STEYNER. Grand paysage au bistre.

277 STRY (Van). Cavaliers, bestiaux. 2 paysages au bistre.

278 SWANEVELT. Paysages, aquarelle, encre. 2 p.

279 TEMPESTA. Batailles, sanguine et plume. 2 p.

280 TENIERS. Sujet de paysans, à l'encre.

281 TESTA. 3 dessins, bistre et autres.

282 THÉODORE. Paysage à l'encre.

283 THIBAULT. Paysages, pierre d'Italie. 2 p.

284 TINTORET. Le Veau d'or, enlèvement de Proserpine et autres. 4 p.

285 TRIMOLET. Qui nommes-tu grand chartier de l'État, etc., charge à l'encre.

286 TROLLY. L'amateur de bouquins, portrait type, beau dessin, crayon noir rehaussé.

287 TUCKER. Marine Brigthon, aquarelle.

288 UDEN (L. Van). Ville hollandaise, plume relevée de couleur.

289 UDINE (Jean d'). Le Christ au mont des Oliviers, avec entourage orné, bistre.

290 ULFT. Panthéon à Rome, bistre.

291 WAGNER. 2 jolis petits paysages enrichis de figures et animaux, bistre.

292 VALIN. Beau paysage, bistre.

293 WANIÈRES. Chaumière dans un paysage, bistre.

294 VANNI. Sujets religieux et autre. 3 dessins au bistre.

295 VASARI. Tombeau de Léon XI et autre. 2 p.

296 WATTEAU. Paysage, sanguine.

297 WEENINX. Vase, fleurs et fruits à la pierre d'Italie, paysages, etc. 5 dessins.

298 VELDE (V. de). Groupe de navires à sec, sanguine.

299 VERKOLIE. Les amants, plume, lavé.

300 VERNET (C.). L'âne savant, croquis au bistre.

301 — Ambassadeur turc à cheval, précédé des chevaux à présenter; au fond, les Tuileries; belle aquarelle.

302 VERNET (J.). Femmes traînant une statue, bistre.

303 VERSCHURING. Cavalier et figures dans des ruines, au bistre.

304 VERSTEEG. Porte de ville, à l'encre.

305 VEYRENC 1780. Château et ses environs, à la plume.

306 VICART, *ad vivum*. Paysage à l'encre.

307 WILLE père et fils. Paysages, sanguine et pierre d'Italie, etc. 3 p.

308 VILLENEUVE. Dessous de forêt, sépia.

309 WINCKBONS. Château fort près d'une rivière, aquarelle.

310 VLIEGER. Repas près de la mer, plume et encre.

311 VORST. Vue de Vienne, en France.

312 VOS (M. de). Madeleine; repas de Mars et Vénus. 2 dessins, bistre.

313 VOUET. Annonciation, sanguine; Jésus donnant les clefs, bistre. 2 p.

314 WYCK (Th.). Petite marine, à la plume et encre.

315 ZACHTLEVEN. Bords du Rhin. 3 dessins.

316 ZAIS. Combats et autres, croquis. 5 p.

317 ZEEMAN. Marine, bistre.

318 ZUCCHERO. Saint Étienne, écorché; deux prophètes, pour fronton. 3 beaux dessins.

319 **Ecole anglaise**. Portraits, paysages, sujets, mine de plomb, aquarelle, huile.

320 **École française**. Paysages. 20 dessins.

321 — **ancienne**. Sujets divers. 14 dessins.

322 — **XVIIIe siècle**. Sujets divers, 16 dessins.

323 — **moderne**. 21 sujets divers.

324 — Esquisses à l'huile. 3 p.

325 **École française**. Casanova, Lafage, Vouet, etc. 5 dessins.

326 — Sujets genre Boucher et autres, époque du XVIIIe siècle. 15 p.

327 **Ecole flamande**. Paysages à l'encre de Chine, bistre, sanguine, plume et aquarelle. 30 dessins.

328 — Sujets divers. 25 dessins.

329 — 15 dessins aquarelles, etc.

330 — Paysages et marines. 18 p.

331 Sujets gracieux. Goltzius et la gravure. 7 p.

332 **Ecole italienne**. Sujets religieux. 46 p.

333 — Sujets divers profanes, etc. 44 p.

334 **Ecoles italienne et espagnole**. 7 p.

335 — Carrache et autres, du cabinet Denon et divers. 20 p.

336 **Dessin chinois**. Vue des jardins de l'empereur à Pékin, rapporté en 1833 par M. Fuss., aquarelle.

337 **Aquarelles**. Vues, paysages, marines. 14 p.

338 **Calques**. Bas-reliefs. 61 p.

339 — Vues et paysages. 70 p.

340 — Vues de Paris, Rome, etc. 90 p.

341 **Gouaches**. Paysages. 6 p.

342 — 3 paysages.

343 **Sépia.** Paysages et marines. 58 p. 3 lots.

344 Dessins, sujets divers, sanguine, 18 p.

345 Groupes d'enfants et d'amours. 23 p.

346 Paysages au crayon, à l'encre de Chine et au bistre. 34 dessins.

347 **Architecture.** Plan des réservoirs de Versailles, le Capitole, aquarelles ; tombeaux, monuments divers ; ruines, détails intérieurs. 30 dessins.

348 — Ledoux, Le Potre, Poyet. 3 dessins.

349 — Très-riche intérieur de palais, décoration funèbre pour un prince royal, et autres ornements. 12 p.

350 Fontaines monumentales. 16 dessins.

352 Vases divers. 16 dessins.

353 Décorations théâtrales, aquarelles, plumes, encre, bistre. 20 p.

354 — Fragments de feuilles pour rinceaux, crayon noir et blanc. 9 dessins.

355 Cartouches, trophées, frises de feuillages, panneaux d'arabesques, fronton, etc., 40 p.

356 Fragments et détails de décoration intérieure, XVIIIe siècle, pour corniches, plafonds, portes, frises, panneaux, meubles, etc., etc. 145 dessins à l'aquarelle et crayon.

357 Croquis de détails d'ornements, statues, etc., etc. 57 dessins.

358 Études et académies. 36 dessins.

359 Dessins divers, croquis, costumes, etc. 90 p. de tous genres. 2 lots.

Renou et Maulde, imprimeurs de la Compagnie des Commissaires-Priseurs rue de Rivoli, 144. 38467

PORTRAITS EN BISTRE

Collections de Portraits inédits ou rares de Personnages célèbres

REPRODUITS NOUVELLEMENT PAR LA GRAVURE

Publiés par VIGNÈRES, Md d'Estampes

Rue de la Monnaie, 13, à l'entresol, entrée rue Baillet, 1.

ALBANY (Louise-Max. de Stolberg, comtesse d').	Gravée par Varin.
AMOROS, colonel, fondateur de la gymnastique en France.	id.
ARGOUT (Antoine-Maurice-Apollinaire, comte d').	J. Porreau.
BABEUF (F.-N.-Gracchus), journaliste.	id.
BARÈRE (Bertrand), de Vieuzac, conventionnel.	id.
BEAUHARNAIS (comtesse Stéphanie de), poëte, romancière.	Sisco.
BERRUYER, général, commandant des Invalides.	J. Porreau.
BERTRAND DE MOLLEVILLE, marquis, ministre, littérateur.	id.
BIÈVRE (marquis de), célèbre auteur de calembours.	id.
BLANCHARD (Madeleine-Sophie-ARMAND, Madame), aéronaute	id.
BONJOUR (Casimir), auteur dramatique.	id.
BORGHÈSE (Camille-Philippe-Louis), prince.	id.
BOSSUT (Charles), mathématicien.	id.
BRAZIER (Nicolas), auteur dramatique, d'après Marlet.	id.
BRISSOT (J.-P.), de Varville, conventionnel.	id.
CANCLAUX (J.-B. Camille, comte de), général, pair.	id.
CAYLA (comtesse de), née Talon, d'après le baron Gérard.	Massard.
CLOUET dit JANET, (François), peintre de portraits.	J. Porreau.
COCHON, comte de l'APPARENT, conventionnel, ministre.	id.
DEBUREAU, acteur des Funambules, Pierrot.	id.
DE FERMONT (comte), député, conseiller d'État.	id.
DEVIENNE, actrice, Théâtre-Français.	Normand.
DONADIEU, baron, général de division.	J. Porreau.
DORAT-CUBIÈRES-PALMEZEAUX, poète, auteur dramatique.	id.
DROZ (Joseph), littérateur, académicien.	id.
DUCHESNE aîné, conservateur du cabinet des estampes.	id.
DUCOS (Roger), avocat, constitut., 3e consul provisoire.	id.
ÉLIE DE BEAUMONT, avocat au Parlement de Paris.	Devritz.
EMPIS (Adolphe), auteur dramatique.	J. Porreau.
EPAGNY (d'), poète dramatique.	id.
FABRE DE L'AUDE (comte), député, pair, littérateur.	id.
FIEVÉE (J.), littérateur, auteur dramatique.	id.
FRÉRON (Louis-Stanislas), conventionnel.	id.
FROCHOT, comte, préfet, député.	id.
GARNERIN (A.-J.), inventeur du parachute.	id.
GARNERIN (Élisa), aéronaute.	id.
GAUDIN, duc de Gaëte, ministre des finances.	id.
GENLIS (A. Brulard, comte de), cap. des gardes, convent.	id.
GEOFFROY (J.-L.), critique, journaliste.	id.
GODOI (don Manuel), prince de la Paix.	Varin.
GOUFFÉ (Armand), chansonnier, vaudevilliste.	J. Porreau.

GUIMARD (Mademoiselle), danseuse.	J. Porreau
JOUFFROY (Théodore-Simon), professeur, académicien.	id.
JOUSSELIN DE LASALLE, homme de lettres.	id.
KANT (Emmanuel), philosophe allemand.	Bracquemond.
LACALPRENÈDE (Gauthier de Costes, seign. de), romancier.	Varin.
LAINÉ (J.-H., vicomte), ministre et académicien.	J. Porreau.
LAMBALLE (princesse de), dess. d'ap. nature par Gabriel,	id.
LASOURCE (M.-David-Albin de), député du Tarn.	id.
LAVALLIÈRE (L.-F. de la Baume, duchesse de).	id.
LUCOTTE (Edme-Aimé), lieut.-général, comte, né à Dijon.	id.
MARAT, à la tribune, dess. d'après nature par Gabriel.	id.
MARTIN (Louis-Aimé), littérateur.	id.
MAUREPAS (J.-Fréd. Phelypeaux, comte de), ministre.	Varin.
MAZÈRES (Édouard), auteur dramatique.	J. Porreau.
MESMER, auteur du magnétisme animal.	id.
MÉZERAI, actrice, Théâtre-Français.	Normand.
ORLÉANS, duc de Montpensier (Ant.-Philippe d'), 1773-1807.	J. Porreau.
PERSUIS (L. Loiseau de), musicien, d'ap. Pierre Guérin.	id.
PETIET (Claude), député, ministre de la guerre.	id.
PHILIDOR (André-Danican), musicien, auteur du jeu d'échecs.	id.
PILON (Germain), sculpteur, 1550.	id.
PIXERÉCOURT (Guilbert de), fac-simile, d'après J. Boilly, in-4.	id.
PONGERVILLE (Samson de), académicien.	id.
PONTUS DE LA GARDIE, général en Suède.	id.
RAMEL-NOGARET, ministre des finances, préfet.	id.
REVEILLÈRE-LEPAUX, botaniste, théophilanthrope.	id.
ROBERT-LINDET, député, conventionnel, ministre.	id.
ROMME (Gilbert), conventionnel.	id.
ROUGET DE L'ISLE, auteur de *la Marseillaise*, musicien.	Varin.
SAINT-HURUGE (marquis de).	J. Porreau.
SAINT-PRIX, acteur, Comédie-Française.	id.
SAINT-SIMON (Claude-H., comte de), philosophe.	Perrot.
SILVAIN MARÉCHAL, poète et littérateur.	Desritz.
TALLIEN (Madame), née Cabarrus, d'après le baron Gérard.	Massard.
TREILHARD (J.-B., comte), député, ministre, etc.	J. Porreau.
TRONSON DU COUDRAY, avocat, du Conseil des Anciens.	id.
VADIER (A.), député aux États-Généraux.	id.
VATOUT (J.), poète, académicien, bibliothécaire.	Varin.
VIGÉE (L.-G.-B.-E.), poète et auteur dramatique.	J. Porreau.
CARTOUCHE (Louis-Dominique), fameux voleur.	Lallemand.
MANDRIN (Louis), fameux contrebandier.	Delaistre.

Chaque portrait pouvant entrer dans un in-8° est tiré in-4°.
Avec la lettre, papier blanc, 1 fr.; papier de Chine, 1 fr. 25 c.
Avant la lettre, papier blanc, 1 fr. 50 c.; papier de Chine, 2 fr.
Dont il n'est tiré que 20 épreuves blanc et 5 Chine.

Afin de faciliter les recherches des Amateurs de portraits, soit pour les illustrations, soit pour les collections d'autographes ou autres, *deux Catalogues détaillés* de quelques collections de portraits qui peuvent se trouver chez moi, classés par ordre alphabétique, seront remis aux personnes qui en feront la demande affranchie.

Renou et Maulde, imprimeurs de la Compagnie des Commissaires-Priseurs, rue de Rivoli 144. 38467

www.ingramcontent.com/pod-product-compliance
Ingram Content Group UK Ltd.
Pitfield, Milton Keynes, MK11 3LW, UK
UKHW021039260726
13994UKWH00005B/2251

9 782329 518152